AF216732

Kondolenz Tipps I

Bibliographische Informationen der Deutschen Nationalbibliothek: Die Deutsche Nationalbibliothek verzeichnet diese Publikation in der Deutschen Nationalbibliografie; detaillierte bibliografische Daten sind im Internet über http://dnb.d-nb.de abrufbar

Herausgeber & Lektorat
Die künstlerische Überarbeitung und sprachliche Gestaltung erfolgte durch Kerstin Winter Kirchengasse 12, 91245 Simmelsdorf

Kondolenz Tipps I

**Kondolenz Tipps I
erscheint unter folgenden
Buch-Titeln:**

a) Trauersprüche für Beileidskarten
b) Beileidswünsche
c) Beileidsbekundungen
d) Trauerkarte schreiben
e) Trauersprüche für Angehörige
f) Beileidssprüche & Beileidstexte
g) Beileidskarte schreiben

1. Auflage 2019

Herstellung und Verlag
BoD-Books on Demand,
Norderstedt
www.bod.de/shop.html

ISBN: 9783749453009

Kondolenz Tipps I

Die eigene Handschrift überträgt mehr
Emotionen und Wertschätzung als es die
edelste Computerzeile vermag!

Aufbau einer Beileidskarte

Variante a

1. Trauerspruch
2. Anrede
3. Kurzformel und Gruß

Variante b

1. Anrede
2. Beileidsbekundung
3. Grußworte

Variante c

1. Anrede
2. Trauerspruch
3. Beileidsbekundung
4. Grußworte

Kondolenz Tipps I

Variante d

1. Trauerspruch
2. Beileidsbekundung

Variante e

1. Anrede
2. Einleitung
3. Beileidsbekundung
4. Überleitung
5. Trauerspruch
6. Schlussworte
7. Grußworte

Beispiele zu den einzelnen Varianten finden Sie am Ende des Buches.

Sie können die Texte jederzeit um eigene Erlebnisse und Dankesworte erweitern und den Trauernden Ihre Hilfe anbieten.

Kondolenz Tipps I

Anrede

- Sehr geehrte(r) Frau /Herr
- Lieber / Liebe (xxx)
- Liebe Familie …
- Liebe Trauerfamilie …

Kondolenz Tipps I

Einleitungen

- Ich kann nur ahnen, wie groß Dein Schmerz und wie tief Deine Trauer ist.

- Der Tod von (xxx) erfüllt uns mit Trauer.

- Leider ist es ein sehr trauriger Anlass, diese Zeilen zu schreiben

- Mit großer Bestürzung habe ich von Deinem Verlust erfahren.

- In einer Situation wie dieser, ist es besonders schwer die passenden Worte zu finden.

- Wir sind sehr traurig, dass (xxx) nicht mehr bei uns ist.

- Passende und tröstende Worte zu finden ist unsagbar schwer.

- Die Nachricht vom Ableben Deines (xxx) hat mich tief betroffen.

Kondolenz Tipps I

- Tief betroffen habe ich vom Heimgang Deines (xxx) erfahren.

- Tief erschüttert habe ich vom Tod Deiner lieben Mutter erfahren.

- Wir alle sind sehr erschüttert über den tragischen Verlust Deines (xxx)

- Wir haben mit Dir gebangt, gehofft und gebetet. Doch nun trauern wir leise mit Dir.

- Wir sind tief betroffen, dass (xxx) nicht mehr unter uns ist.

- Nur wer es selbst erlebt hat, kann den Schmerz, den Du durch diesen großen Verlust empfindest, verstehen.

Kondolenz Tipps I

Beileidsbekundungen

- Ich möchte Dir mein tief empfundenes Mitgefühl ausdrücken.

- Mit Trauer haben wir vom schmerzlichen Verlust in Deiner Familie erfahren und möchten Dir unser herzliches Beileid aussprechen.

- Ohnmächtig und hilflos möchte ich Dir mein tiefes Mitgefühl ausdrücken. Ich umarme Dich.

- Unsere aufrichtige Anteilnahme gilt Dir und Deiner Familie.

- Mein allerherzlichstes Beileid und mein tiefstes Mitgefühl gelten Dir und Deiner Familie.

- Tief berührt möchte ich Dir mein Mitgefühl aussprechen.

- Ihr Beileid entbieten: ....

Kondolenz Tipps I

Überleitung

- Ich hoffe, dass Dir die folgenden Gedanken ein wenig Trost spenden können.

- Ich möchte Dich mit einem Segenswunsch begleiten.

- Wie soll man Worte finden, wo keine Worte mehr sind …

Beileidsbekundungen mit Überleitung

- Mit den folgenden Worten möchte ich Dir mein innigstes Mitgefühl aussprechen.

- Mit den folgenden Zeilen möchte ich Dir mein aufrichtiges Beileid ausdrücken.

- Mit den Worten von (Trauerspruch-Verfasser) möchte ich Dir meine aufrichtige Anteilnahme ausdrücken.

Kondolenz Tipps I

Schlussworte

- Ich wünsche Dir viel Kraft in dieser schweren Zeit.

- Ich umarme Dich und bin in Gedanken bei Dir!

- In der unsagbaren Zeit der Trauer wünsche ich Dir alle Kraft und Liebe für Deine nächsten Schritte. Ein Engel soll Dich begleiten.

- Unsere Gedanken begleiten Dich in der schweren Zeit des Abschieds.

- Wir wünschen Dir viel Kraft in den schweren Stunden des Abschieds und der Trauer.

- Wir trauern mit Dir und Deiner Familie.

- Meine Gedanken sind bei Dir, ich fühle mit Dir.

Kondolenz Tipps I

- Für die kommende Zeit wünsche ich Dir viel Kraft und dass Du trotz der tiefen Trauer niemals die Hoffnung verlierst.

- In dieser schweren Zeit denke ich besonders an Dich und wünsche Dir von Herzen viel Kraft.

- Mein Mitgefühl gehört Dir und Deinen Lieben.

Kurzformel

- Zum großen Verlust deines lieben (xxx), möchte ich Dir mein tiefstes Mitgefühl aussprechen. Aufrichtiges Beileid!

- Zum Tode von … sprechen wir Ihnen unser tiefes Mitgefühl aus.

- Liebe (xxx), von Herzen wünsche ich Dir die Kraft, die Zeit der Trauer durchzustehen. Aufrichtiges Beileid!

Kondolenz Tipps I

Grußworte

- In aufrichtiger Anteilnahme

- Mit stillem Gruß

- In Dankbarkeit und tiefer Trauer

- In innigem Mitgefühl

- In liebevollem Gedenken

- In tiefer Betroffenheit

- In tiefer Trauer

- In Verbundenheit

- In Liebe …

- Mit schweigender Umarmung

- In aufrichtiger Verbundenheit

- In stillem Gedenken

Kondolenz Tipps I

Trauersprüche

1. Alles was schön ist, bleibt auch schön, auch wenn es welkt. Und unsere Liebe bleibt Liebe, auch wenn wir sterben. Maxim Gorki

2. Als Gott sah, dass der Weg zu lang, der Hügel zu steil und das Atmen zu schwer wurde, legte er seinen Arm um ihn und sprach: Komm heim.

3. Auferstehung ist unser Glaube, Wiedersehen unsere Hoffnung, Gedenken unsere Liebe. Aurelius Augustinus

4. Bedenke, daß du auch auf einsamen Wegen nie allein gehst. Wenn du an Gott denkst und lauschst, hörst du den Schritt der Engel. Irischer Segenswunsch

Kondolenz Tipps I

5. Das Grün der Wiesen erfreue
   deine Augen,
   das Blau des Himmels
   überstrahle deinen Kummer,
   die Sanftheit der Nacht mache
   alle dunklen Gedanken
   unsichtbar.
   Irischer Segenswunsch

6. Das schönste Denkmal, das ein
   Mensch bekommen kann, steht in
   den Herzen seiner Mitmenschen.
   Albert Schweizer

7. Das Schönste, was ein Mensch
   hinterlassen kann, ist ein Lächeln
   im Gesicht derjenigen, die an ihn
   denken.

8. Das, was dem Leben Sinn
   verleiht, gibt auch dem Tod einen
   Sinn. Antoine de Saint-Exupéry

Kondolenz Tipps I

9. Deine Hände mögen immer ihr Werk finden, auf dass Dein Vertrauen in die Schöpfung wächst und dein Herz voll Zuversicht die Trauer überwindet.
   Irischer Segenswunsch

10. Den tiefen Frieden über dem stillen Land - wünsche ich dir.
    Den tiefen Frieden im schmeichelnden Wind - wünsche ich dir.
    Den tiefen Frieden im Rauschen der Wellen - wünsche ich dir.
    Den tiefen Frieden unter den leuchtenden Sternen - wünsche ich dir.
    Den tiefen Frieden vom Sohne des Friedens - wünsche ich dir.
    Irischer Segenswunsch

11. Der Abschied gibt der Reise Sinn. Unbekannter Verfasser

Kondolenz Tipps I

12. Denn der Staub muss wieder zu Erde werden, wie er gewesen ist. Und der Geist wieder zu Gott, der ihn gegeben hat.
Prediger 12,7

13. Der Tod hat keine Bedeutung. Ich hab´ mich nur ins nächste Zimmer aufgemacht. Ich bin ich und Du bist Du: Was immer wir füreinander gewesen sind, das gilt auch weiter. Henry Scott Holland

14. Der Tod ist das Tor zum ewigen Leben. 2. Korinther 12,9

15. Der Tod ist das Tor zum Licht am Ende eines mühsam gewordenen Weges.
Franz von Assisi

16. Der Tod ist die uns zugewandte Seite jenes Ganzen, dessen andere Seite Auferstehung heißt.
Romano Guardini

Kondolenz Tipps I

17. Der Tod ist ein Zug zum Paradies, für den wir noch keine Fahrkarte besitzen.

18. Die Bande der Liebe werden mit dem Tod nicht durchschnitten." Thomas Mann

19. Die Liebe höret nimmer auf. 1. Korinther 13,8

20. Die sanften, guten Wünsche dieser Zeilen erinnern uns daran, über wie viele Dinge wir dankbar sein können.

21. Die Toten sind nicht fort, sie gehen mit. Unsichtbar sind sie nur, unhörbar ist ihr Schritt. Gorch Fock

22. Der Herr ist denen nahe, die verzweifelt sind, und rettet diejenigen, die alle Hoffnung verloren haben. Psalm 34,19

Kondolenz Tipps I

23. Die Zeit heilt nicht alles; aber sie rückt vielleicht das Unheilbare aus dem Mittelpunkt.
Ludwig Marcuse

24. Du bist nicht mehr dort, wo du warst. Aber du bist überall, wo wir sind. Victor Hugo

25. Du kamst, du gingst mit leiser Spur, Ein flücht'ger Gast im Erdenland; Woher? Wohin? Wir wissen nur: Aus Gottes Hand, in Gottes Hand. Ludwig Uhland

26. Gott spricht: Fürchte dich nicht, denn ich habe dich erlöst; ich habe dich bei deinem Namen gerufen; du bist mein! Jesaja 43,1

27. Es gibt Momente im Leben jedes Menschen, da hört die Erde für einen Moment auf sich zu drehen. ... und wenn sie sich dann wieder dreht, ist nichts mehr so wie es war.

28. Gegen die Schmerzen der Seele
gibt es nur zwei Heilmittel:
Hoffnung und Geduld.
Pythagoras

29. Gott hat uns aus der Tiefe seines
Herzens für eine Weile ins Leben
gerufen und nimmt uns danach
wieder in seinen ewigen Schoß
zurück. Psalm 18,20

30. Gott hilft uns nicht immer am
Leiden vorbei, aber er hilft uns
hindurch.
Johann Albrecht Bengel

31. Jedem Ende wohnt ein Anfang
inne. Hermann Hesse

32. Ich bin das Licht der Welt. Wer
mir nachfolgt, wird nicht in der
Finsternis bleiben, sondern wird
das Licht des Lebens haben.
Johannes 8,12

33. Gott sei vor Dir, um Dir den Weg der Befreiung zu zeigen.
Gott sei hinter Dir, um Dir den Rücken zu stärken für einen aufrechten Gang.
Gott sei neben Dir und ein guter Freund an Deiner Seite.
Gott sei um Dich, wie eine wärmende Decke, wenn Kälte Dich blass macht und Lieblosigkeit Dich frieren lässt.
Gott sei in Dir und weite Dein Herz, zu lieben und für das Leben zu kämpfen.
Irischer Segenswunsch

34. Gott spricht: Ich lasse dich nicht fallen und verlasse dich nicht.
Josua 1.5b

35. Gottes Liebe erhelle Deine Wege, wenn Du vom Dunkeln umgeben bist.
Irischer Segenswunsch

Kondolenz Tipps I

36. Gottes Wege sind dunkel, aber
    das Dunkel liegt nur auf unseren
    Augen, nicht auf seinen Wegen.
    Matthias Claudius

37. Ich bin die Auferstehung und das
    Leben. Wer an mich glaubt, der
    wird leben, auch wenn er stirbt.
    Johannes 11,25

38. Ich bin nicht tot, ich tausche nur
    die Räume, ich leb' in euch und
    geh' durch eure Träume.
    Michelangelo Buonarroti

39. Ich wünsche dir die Kraft, neue
    Wege guten Mutes zu gehen.
    Irischer Segenswunsch

40. Ich wünsche dir, daß Du mutig
    weitergehst, wenn der Gipfel,
    den es zu ersteigen gilt, schier
    unerreichbar scheint, ja selbst
    wenn das Licht der Hoffnung zu
    entschwinden droht.
    Irischer Segenswunsch

41. Ihr habt jetzt Trauer, aber ich werde Euch wiedersehen und Euer Herz wird sich freuen.
Johannes 16,22

42. Je schöner und voller die Erinnerung, desto schwerer ist die Trennung.
Aber die Dankbarkeit verwandelt die Erinnerung in eine stille Freude.
Man trägt das vergangene Schöne nicht wie einen Stachel, sondern wie ein kostbares Geschenk in sich.
Dietrich Bonhoeffer

43. Jesus Christus hat dem Tode die Macht seiner Endgültigkeit genommen. 2. Timotheus 1, 10b

44. Jesus Christus spricht: "Ich lebe und ihr sollt auch leben.
Johannes 14,19

45. Man muss sich hüten, in den Erinnerungen zu wühlen, sich ihnen auszuliefern, wie man auch ein kostbares Geschenk nicht immerfort betrachtet, sondern nur zu besonderen Stunden und es sonst nur wie einen verborgenen Schatz, dessen man sich gewiss ist, besitzt; dann geht eine dauernde Freude und Kraft von dem Vergangenen aus.
Dietrich Bonhoeffer

46. Keiner, der geliebt wird, ist jemals tot. Ernest Hemingway

47. Man sieht die Sonne untergehen und erschrickt doch, wenn es plötzlich dunkel ist Franz Kafka

48. Man trägt das vergangene Schöne nicht wie einen Stachel, sondern wie ein kostbares Geschenk in sich.
Dietrich Bonhoeffer

49. Manchmal scheint die ganze
Welt entvölkert zu sein, wenn ein
einziger Mensch fehlt.
Alphonse de Lamartine

50. Menschen, die wir lieben,
bleiben für immer, denn sie
hinterlassen Spuren in unseren
Herzen.

51. Mit jedem Menschen stirbt eine
Welt. Gerhart Hauptmann

52. Möge das Schicksal, das dich
trifft, dein Vertrauen nicht
zerstören. Irischer Segenswunsch

53. Möge dein Tag durch viele kleine
Dinge groß werden, damit er
Dich hält in den schwersten
Stunden des Lebens.
Irischer Segenswunsch

54. Möge der neue Tag dir den Blick
für die Schönheit der Welt
schärfen. Irischer Segenswunsch

55. Möge dein Weg stets aufwärts führen, auch wenn du tiefe Täler und dunkle Schluchten zu durchwandern hast.
Irischer Segenswunsch

56. Möge der erste Schritt, den Du ins neue Leben tust, ein Gang wie auf Wolken sein, und möge stets eine helfende Hand da sein, die Dich auffängt, wenn Du zu fallen drohst.
Irischer Segenswunsch

57. Möge der Vater Dich in seinen liebenden Armen halten, wenn Du am schwarzen Fluss des Todes stehst. Und möge er Dir die Kraft geben, die Richtung zu ändern, wenn Du die alte Strasse nicht mehr gehen kannst.
Irischer Segenswunsch

58. Möge der Weg sich vor dir öffnen, und möge Gott mit dir sein. Irischer Segenswunsch

Kondolenz Tipps I

59. Möge die Liebe Gottes in den schwersten Stunden Deines Lebens wie eine Kerze in Deinem Herzen brennen – leuchtend und wärmend!
Irischer Segenswunsch

60. Möge Gott auf dem Weg, den Du vor Dir hast, vor Dir hergehen.
Irischer Segenswunsch

61. Möge Gott Dir von der Quelle, die nie versiegt, zu trinken geben.
Irischer Segenswunsch

62. Mögen die Grenzen, an die du stößt, einen Weg für deine Träume offen lassen.
Irischer Segenswunsch

63. Mögest Du immer einen Blick haben für die Sonne, die durch Dein Fenster fällt; und nicht für den Staub, der auf ihnen liegt.
Irischer Segenswunsch

Kondolenz Tipps I

64. Von dem Menschen, den Du geliebt hast, wird immer etwas in Deinem Herzen zurückbleiben: etwas von seinen Träumen, etwas von seinen Hoffnungen, etwas von seinem Leben, alles von seiner Liebe.

65. Mögen die Regentropfen sanft auf dein Haupt fallen.
Möge der weiche Wind deinen Geist beleben.
Möge der sanfte Sonnenschein dein Herz erleuchten.
Mögen die Lasten des Tages leicht auf dir liegen.
Und möge unser Gott dich hüllen in den Mantel seiner Liebe.
Irischer Segenswunsch

66. Wenn Dich Dein schweres Herz nur noch mühsam gehen lässt, ergreife die Hände derer, die Dich lieben – sie geben Dir Halt und Zuversicht.

Kondolenz Tipps I

67. Mögest Du die Kraft haben, die Richtung zu ändern, wenn Du die alte Straße nicht mehr gehen kannst. Irischer Segenswunsch

68. Mögest Du die Kraft haben, die Richtung zu ändern, wenn Du die alte Straße nicht mehr gehen kannst. Irischer Segenswunsch

69. Mögest du an jedem Tag spüren, daß auch die dunklen Stunden einen göttlichen Schimmer besitzen. Irischer Segenswunsch

70. Mögest du immer einen Freund an deiner Seite haben, der dir Vertrauen gibt, wenn es dir an Licht und Kraft gebricht. Irischer Segenswunsch

71. Wir mögen Entscheidungen in unserem Leben treffen, aber über unser Leben entscheidet nur Gott. Wir müssen lernen mit dem Unfassbaren zu leben.

Kondolenz Tipps I

72. Wenn die Zeit endet,
beginnt die Ewigkeit.

73. Mögest Du jeden Tag spüren,
dass auch die finsterste Stunde
einen göttlichen Schimmer
besitzt. Irischer Segenswunsch

74. Mögest Du Ruhe finden, wenn
der Tag sich neigt und Deine
Gedanken noch einmal die Orte
aufsuchen, an denen Ihr glücklich
wart. Auf dass die Erinnerung
Dich wärmt und gute Träume
Deinen Schlaf begleiten.
Irischer Segenswunsch

75. Seid nicht verzweifelt, wenn es
ums Abschiednehmen geht. Ein
Lebewohl ist notwendig, ehe man
sich wiedersehen kann, und ein
Wiedersehen, sei es nach
Stunden oder nach Lebzeiten, ist
denen gewiß, die Freunde sind.
Richard Bach

Kondolenz Tipps I

76. Nimm Dir Zeit zum Trauern,
    denn das ist der Weg zur Seele;

    nimm Dir Zeit zum Nachdenken,
    denn das ist die Quelle der
    Klarheit;

    nimm Dir Zeit zum Träumen,
    denn das ist der Weg zu den
    Sternen;

    nimm Dir Zeit zum Lachen, denn
    das ist der Reichtum des Lebens;

    nimm Dir Zeit zum Leben, denn
    das ist die Quelle der Kraft;

    nimm Dir Zeit zum Lieben, denn
    das ist der Ankerplatz Deiner
    Seele.
    Irischer Segenswunsch

77. Mögest Du unterwegs die
    Fußstapfen des Schutzengels an
    Deiner Seite spüren.

Kondolenz Tipps I

78. Was man tief in seinem Herzen besitzt, kann man nicht durch den Tod verlieren.
Johann Wolfgang von Goethe

79. Von guten Mächten wundersam geborgen, erwarten wir getrost was kommen mag. Gott ist mit uns am Abend und am Morgen und ganz gewiss an jedem neuen Tag. Dietrich Bonhoeffer

80. Wenn das Kreuz hart auf Deiner Schulter liegt und der Gipfel den Du ersteigen sollst schier unerreichbar scheint, dann halte Gott Dich fest in seinen Händen und schenke Dir seine Zuversicht.
Irischer Segenswunsch

81. Wenn du an mich denkst, erinnere dich an die Stunde, in welcher du mich am liebsten hattest. Rainer Maria Rilke

Kondolenz Tipps I

82. Wer einen Fluß überquert, muß die eine Seite verlassen.
Mahatma Gandhi

83. Wenn du strauchelst, weil dir der Tag zu schwer wird, möge die Erde tanzen, um dir das Gleichgewicht wiederzugeben.
Irischer Segenswunsch

84. Wer im Gedächtnis seiner Lieben lebt, der ist nicht tot, der ist nur fern; tot ist nur, wer vergessen wird. Immanuel Kant

85. Wir alle fallen. Und doch ist Einer, welcher dieses Fallen unendlich sanft in seinen Händen hält. Rainer Maria Rilke

86. Der Tod ist kein Abschnitt des Daseins, sondern nur ein Zwischenereignis, ein Übergang aus einer Form des endlichen Wesens in eine andere. Friedrich Freiherr von Humboldt

Kondolenz Tipps I

87. Es ist Unsinn sagt die Vernunft.
Es ist, was es ist sagt die Liebe.
Es ist Unglück sagt die
Berechnung. Es ist nichts als
Schmerz sagt die Angst. Es ist
aussichtslos sagt die Einsicht. Es
ist was es ist sagt die Liebe.
Erich Fried

88. Mögest Du in Deinem Herzen
alle wunderbaren Erinnerungen
Deines Lebens bewahren.
Irischer Segenswunsch

89. Nun ist die Zeit der Stille und der
Leere, der Trauer und des
Schmerzes. Es ist aber auch die
Zeit der dankbaren Erinnerung,
die wie ein heller Stern in der
Nacht leuchtet, bis weit in den
Morgen hinein.

90. Festhalten was man nicht halten
kann, begreifen wollen was
unbegreiflich ist, im Herzen
tragen was ewig ist.

Kondolenz Tipps I

91. Die Liebe hilft uns nicht immer am Leid vorbei und nimmt uns auch die Last nicht ab. Doch sie gibt uns Kraft zum Tragen und begleitet uns durch schwere Stunden hindurch in einen neuen Tag. (unbekannter Verfasser)

92. Ich kann Dir Deinen Schmerz nicht nehmen, doch ich kann ihn mit Dir teilen. Ich kann den Verlust nicht ersetzen, doch ich kann an Deiner Seite sein. Ich kann den Tod nicht überwinden, doch ich kann mit Dir gemeinsam ins Leben zurück finden. (unbekannter Verfasser)

93. Wenn Dich Dein schweres Herz nur noch mühsam gehen lässt, ergreife die Hände derer, die Dich lieben – sie geben Dir Halt und Zuversicht.
(unbekannter Verfasser)

Kondolenz Tipps I

Beispiele

Variante a:

Das Schönste, was ein Mensch hinterlassen kann, ist ein Lächeln im Gesicht derjenigen, die an ihn denken.

Sehr geehrte Frau ...,
zum Tode von ... sprechen wir Ihnen unser tiefes Mitgefühl aus.

In stillem Gedenken

Firma ....

Variante b:

Liebe ...,
ohnmächtig vor Trauer und Schmerz habe ich von ..... Tod erfahren. Ich fühle mit Dir.
Mit schweigender Umarmung

Deine ...

Kondolenz Tipps I

Variante c:

Liebe Trauerfamilie,

eine Stimme, die uns vertraut war, schweigt. Ein Mensch, der immer mit uns war, ist nicht mehr da. Was bleibt, sind dankbare Erinnerungen, die uns niemand nehmen kann.

Unser Aufrichtiges Beileid

Familie ....

Variante d kurz:

Wenn ihr mich sucht,
dann sucht in eurem Herzen.
Wenn ihr mich dort findet,
dann lebe ich in euch weiter.
Milead Shalin

Ihr Beileid entbieten: ....

Kondolenz Tipps I

Variante d lang**:**

Es gibt Momente
in denen man nichts mehr sagen kann,
weil es nichts mehr zu sagen gibt
was in Worten auszudrücken wäre;
es gibt Momente
in denen man unendlich viel zu sagen hat
und nichts zu sagen braucht
weil ein einziger Blick,
ein Händedruck viel sprechender sind
es gibt Momente
da muss man nichts mehr sagen
weil alles gesagt ist
und man sich nur noch nahe ist...

Sterben ist kein ewiges getrennt werden;
es gibt ein Wiedersehen an einem
helleren Tag!

Tief berührt möchte ich Dir mein
Mitgefühl aussprechen. Meine Gedanken
sind bei Dir.

Deine ....

Kondolenz Tipps I

Variante e:

Liebe Trauerfamilie,

ich kann nur ahnen, wie groß Euer Schmerz und wie tief Eure Trauer ist und möchte Euch mein tief empfundenes Mitgefühl ausdrücken.

Ich hoffe, dass Euch die Worte von Matthias Claudius ein wenig Trost spenden können.

"Gottes Wege sind dunkel, aber das Dunkel liegt nur auf unseren Augen, nicht auf seinen Wegen."

Ich wünsche Euch viel Kraft in dieser schweren Zeit.

In aufrichtiger Verbundenheit

Euer ....

Kondolenz Tipps I

Notizen

Kondolenz Tipps I

Notizen